PAUL SONNIÈS

Arlequin Séducteur

COMÉDIE EN UN ACTE, EN VERS

PARIS

PAUL OLLENDORFF, ÉDITEUR

28 *bis*, RUE DE RICHELIEU, 28 *bis*

—

1889

Arlequin Séducteur

COMÉDIE EN UN ACTE EN VERS

REPRÉSENTÉE POUR LA PREMIÈRE FOIS
SUR LE THÉATRE DU VAUDEVILLE
LE JEUDI 20 OCTOBRE 1859

PAUL SONNIÈS

Arlequin Séducteur

COMÉDIE EN UN ACTE, EN VERS

PARIS

PAUL OLLENDORFF, ÉDITEUR

28 *bis*, RUE DE RICHELIEU, 28 *bis*

—

1889

A RAIMOND DESLANDES

DIRECTEUR DU VAUDEVILLE

MON CHER DESLANDES,

Je vous dédie cette fantaisie. — Je vous dois le succès qu'elle a obtenu. Vous avez accueilli mon premier essai, et vous m'avez soutenu de vos conseils. Je suis doublement heureux, puisqu'Arlequin m'a valu votre amitié et les applaudissements du public.

Aujourd'hui, le gaillard joue de la batte et pince de la mandoline avec des sourires vainqueurs; mais quand vous l'avez rencontré, il y a deux ans, sur une plage normande, il était assez piteux. Croiriez-vous que ce drôle, avec son habit bariolé, son masque et sa mine effrontée, avait osé frapper à la porte de la Maison de Molière! Il a même chanté sa sérénade sous le balcon; la fenêtre s'est entr'ouverte; on a daigné complimenter le chanteur; l'air a paru joli, la voix pure, mais la chanson a déplu, et Arlequin a été invité à revenir quand il en saurait une meilleure. Il se trouvait donc sans domicile, ce qui est un des éléments du vagabondage, délit prévu et puni par les articles 269 et suivants du Code pénal; il en était presque réduit à devenir un homme politique. Alors, vous l'avez recueilli.

Merci à vous, à votre aimable collaborateur Carré, et à Boisselot qui a dirigé les études de la pièce; merci à mes chers interprètes Corbin, l'Arlequin si pimpant, et Mayer, le Fracasse irrésistible. J'ai gardé pour la bonne bouche Mlle Moncharmont, la sémillante Violette, qui est la grâce et la gaieté mêmes, et Mlle Verneuil, cette Colombine si jolie, si jolie, que tout le public et l'auteur ont eu pour elle les yeux et louis d'Arlequin.

PAUL SONNIÈS.

Octobre 1889.

PERSONNAGES

ARLEQUIN.	MM. Corbin.
FRACASSE.	Mayer.
COLOMBINE.	Miles Verneuil.
VIOLETTE.	Moncharmont.

ARLEQUIN SÉDUCTEUR

(Les abords de la maison de Colombine. Un banc à gauche, à droite, le seuil d'une taverne devant laquelle est une table flanquée de sièges en bois. Au fond, un mur, et la porte d'entrée du jardin de Colombine. Statues de marbre. Bosquets de roses.)

SCÈNE PREMIÈRE

ARLEQUIN pensif, puis VIOLETTE.

VIOLETTE, arrivant à gauche, et apercevant Arlequin.

Quel tour méditez-vous, beau seigneur Arlequin?

ARLEQUIN, debout.

Violette! c'est toi! c'est ton minois coquin!
Çà! fais-moi rire un peu...

VIOLETTE.

L'oncle Polichinelle
Est mort! Vous héritez.

ARLEQUIN.

Tu m'apprends la nouvelle.

Il est mort ! — —

VIOLETTE.

C'est à moi que votre vieux parent
A remis sa cassette. Il m'a dit en mourant :
« Nous allons nous quitter pour longtemps, chère amie.
« Grâce à toi, j'ai tiré de la griffe ennemie
« Des gens de loi, l'argent que me laissaient le jeu,
« Les femmes et le vin !

(Tirant de son corsage deux parchemins.)

« Remets à mon neveu
« La moitié, mais dis-lui de m'épargner l'injure
« De payer malgré moi mes créanciers.

ARLEQUIN.

Je jure

De n'en jamais payer un seul !

VIOLETTE.

« L'autre moitié
« Tu pourras la garder toujours, par amitié
« Pour moi. »

(Elle lui remet un des parchemins.)

ARLEQUIN, après avoir lu.

Vingt mille écus !

VIOLETTE.

C'est votre part !

ARLEQUIN, joyeux.

J'hérite !

VIOLETTE.

Nous héritons ! Bonsoir ! La nuit vient, je vous quitte :
(Allant à la porte du jardin.)
Colombine m'attend.

ARLEQUIN.

Elle ! tu vas le voir ?

VIOLETTE.

Je vais lui raconter bien des choses ce soir,
D'abord que vous l'aimez.

ARLEQUIN.

Oui, de toute mon âme.

VIOLETTE.

Vous voilà riche ! Il faut qu'elle soit votre femme.

ARLEQUIN, faisant la moue.

Tu veux me marier, vilaine !

VIOLETTE.

Pourquoi non ?
Si vous n'êtes aimé, je veux perdre mon nom.

ARLEQUIN, avec tristesse.

C'est donc vrai que déjà la joyeuse jeunesse
Fuit sur l'aile du temps rapide et me délaisse.

Comme on vous cueille vite, ô roses du printemps!

VIOLETTE.

Mariez-vous!

ARLEQUIN.

Adieu, mes amours de vingt ans!

VIOLETTE.

Un jour vient où l'oiseau léger ferme son aile;
Le zéphyr amoureux qui berce l'hirondelle
Veut en vain l'enivrer d'air libre et d'infini.
Après l'éclat du ciel, il faut l'ombre du nid.
(Elle montre du doigt le jardin de Colombine.)

ARLEQUIN.

Le doux rêve! Arlequin aimé de Colombine...
Mais qu'en sais-tu?

VIOLETTE.

Je vois, j'observe, je devine.

ARLEQUIN.

Hélas! Qui donc peut lire au fond de vos beaux yeux?
Leur azur, c'est le ciel muet, mystérieux.
Puis, il faut épouser... Voilà ce qui défrise!
En somme, on se marie un peu comme on se grise,
Sans savoir ce qu'on fait, sans distinguer le but,
Et l'on connaît la coupe après que l'on a bu.
Il me fait peur, ce mot magique, mariage...
Amour était plus doux!

VIOLETTE.

Bah! sans attendre l'âge
Il faut se marier. C'est un régime sain.
C'est calmant!

ARLEQUIN.

J'obéis, mon joli médecin
Ordonne.

VIOLETTE, lui montrant la taverne.

Dégustez quelques bonnes bouteilles.

ARLEQUIN.

Mais après?

VIOLETTE

Dormez vite et sur vos deux oreilles :
Je me charge de tout.

ARLEQUIN

Soit !

(Arlequin entre à la taverne.)

SCÈNE II

VIOLETTE, puis FRACASSE

VIOLETTE

Il est marié
Ou peu s'en faut. C'est bien ! Il n'a pas trop crié,

Il a fait la grimace. En prenant médecine
C'est bien permis. Et moi ! n'ai-je pas triste mine
A rester fille ! Aussi, j'ai fait choix d'un époux
Très beau, très bête... lui !

FRACASSE

Je suis roué de coups,

(Se laissant tomber sur le banc.)

Tout mon crâne a craqué comme un pot qui se casse !

VIOLETTE

Que vous arrive-t-il, mon pauvre ami Fracasse ?

FRACASSE

C'est ce vieux scélérat d'hôtelier...

VIOLETTE

Plaît-il ?

FRACASSE

Non !

C'est encor votre doux, votre cher, votre bon
Parrain qui m'a tué !

VIOLETTE

Pour régler votre compte ?

FRACASSE, retournant toutes ses poches.

Juste ! je suis à sec.

VIOLETTE

N'avez-vous pas de honte ?

FRACASSE, debout.

Pauvreté n'est pas vice.

VIOLETTE

Eh bien! voici ma main.

FRACASSE

Et rien dedans!

VIOLETTE

Qui sait! Marions-nous.

FRACASSE

Demain,
Plus tard, je suis malade.

VIOLETTE

Allons, mon cher Fracasse,
Épousez-moi... Rentrez le front haut dans la place.

FRACASSE

Le front haut! pas ce soir, car je viens de sortir
Encor la tête en bas.

VIOLETTE

Voulez-vous consentir
A m'épouser! J'aurai pour dot l'hôtellerie.

FRACASSE

Être gargotier, moi! Violette chérie!

VIOLETTE

D'où vous vient ce dédain subit?

FRACASSE

Je serai franc !

Avant de renoncer à l'éclat de mon rang
Et de cacher ma gloire au fond d'une cuisine,
Je caresse l'espoir, grâce à ma bonne mine,
   (Il frise sa moustache.)
De séduire une riche héritière.

VIOLETTE, les poings sur les hanches.

Fort bien,

Et vous me plantez là, monstre, pendard, vaurien !
Après tous vos serments.

FRACASSE

Quelle erreur est la vôtre !

Je fais notre bonheur.

VIOLETTE

Voyez le bon apôtre

Qui devait m'épouser !

FRACASSE

Écoutez bien le cas :

Ma femme apportera les sacs pleins de ducats ;
Vous, la beauté, l'amour et ses folles ivresses.
S'il faut entre vous deux partager mes caresses,
Friponne, vous aurez toujours la bonne part.

VIOLETTE

Contez-moi ces projets qui vous viennent si tard.

FRACASSE

C'était hier. Déjà mon créancier avide,
A mes chausses pendu, fouillait ma poche vide.
Tout à coup, du dehors montent des cris perçants :
Une femme appelait à l'aide. Je descends...
Malgré moi... du perron, la tête la première...

VIOLETTE

Poussé par mon parrain ?

FRACASSE

                Oui, poussé... par derrière.
Quel choc, et quel triomphe ! En tombant, j'aplatis
Deux truands; mais déjà les autres sont partis.
Je les suis. En trois coups, j'en extermine quatre.
Montjoye et Saint-Denis ! Tout fuyait ! — Pour combattre
Les ravisseurs cachés dans leur repaire, au fond
D'un cul-de-sac obscur, je franchis d'un seul bond
Les cadavres; l'un d'eux me saisit par la botte :
Je l'étrangle et le laisse expirer dans la crotte;
Puis, l'épée à la main, j'enlève à bras tendu
La victime. Sans moi, cet ange était perdu...

VIOLETTE, à part.

Si c'était !...

FRACASSE

Huit gaillards à la trogne de moine...

VIOLETTE

Était-elle jolie ?

                           1.

FRACASSE

A damner saint Antoine......
Ah! si vous aviez vu son teint, son nez, ses yeux...
Ses cheveux d'or, sa taille...

VIOLETTE

Est-ce tout?

FRACASSE

Elle a mieux...
O doux trésors surpris dans un charmant désordre,
Fruits divins de l'amour où l'on rêve de mordre...

VIOLETTE, l'interrogeant.

Riche?

FRACASSE

Comme Crésus!

VIOLETTE

Grands yeux noirs? Cheveux blonds?

FRACASSE

Tout juste! Des yeux noirs et des cheveux si longs
Qu'elle peut sans rougir oublier sa chemise.

VIOLETTE

C'est Colombine.

FRACASSE

Eh! oui!

VIOLETTE, ironiquement.

Trop tard! la place est prise!
Elle épouse Arlequin.

FRACASSE

Arlequin séducteur!

VIOLETTTE

Et vous que le hasard transforme en dieu sauveur,
Le magot vous attire?... Allez, museau rapace,
Allez, coureur de dot! Je vous cède la place.
Vous faites fi de moi; mais, malgré vos refus,
Vous serez à mes pieds demain, humble et confus,
Implorant mon pardon.

FRACASSE

Vous croyez?

VIOLETTE

J'en suis sûre.
J'hérite de vingt mille écus.
(Elle montre le parchemin.)

FRACASSE

Quelle aventure!

VIOLETTE

Polichinelle est mort. J'hérite! Adieu!

FRACASSE

Non pas.
Je vous aime.

VIOLETTE

Trop tard.

FRACASSE, essayant de la suivre.

Je m'attache à vos pas.

VIOLETTE, le ramenant.

Je vous le défends.

FRACASSE, à genoux.

Là! J'ai tort! Je suis coupable.

VIOLETTE, s'échappant derrière lui.

Vous l'avouez. J'en suis charmée. Allez au diable!

(Elle entre chez Colombine.)

SCÈNE III

FRACASSE, puis ARLEQUIN

(Fracasse se relève et cherche d'abord Violette, puis se ravise.)

FRACASSE

Bonsoir! Adieu l'amour! Allons à la raison,
A Colombine. Il faut connaître sa maison.
Héros discret, j'ai fui. J'avais sauvé la belle
Rien qu'en dégringolant. Sa dot paîra mon zèle.
Être riche, voilà mon rêve, et je n'ai rien...
Que l'espoir. Épouser serait le vrai moyen

De te saisir au vol, ô fortune farouche.
Pour ce soir, sans souper, au grand air je me couche.

(Il ôte sa rapière et la dépose sur le banc.)

ARLEQUIN, légèrement gris, sortant de la taverne.

(Il s'évente avec son mouchoir.)

J'ai mangé comme un ogre.

FRACASSE

Arlequin !

ARLEQUIN

Dans mes bras!

FRACASSE

Mon rival!

ARLEQUIN

Cher ami!

FRACASSE

Non, ne me touchez pas :
Je viens d'être blessé dans un combat terrible,
Et tout mon pauvre corps est percé comme un crible.

ARLEQUIN

Vous souffrez?

FRACASSE

Oui; j'ai mal à l'estomac. J'ai faim.

ARLEQUIN, joyeux.

Bon, je vais vous guérir avec un souper fin.

(Il entre dans la taverne.)

FRACASSE

Nourri par mon rival!... Moi, l'induire en dépense,
Est-ce bien délicat? Il faudra que j'y pense.

ARLEQUIN, apportant le souper.

On est bien mieux servi par soi, mon cher ami.

FRACASSE

Il me comble!

ARLEQUIN

Autrement rien n'est fait qu'à demi.
(Ils s'installent. Fracasse mange avec avidité.)
Moi, j'ai soupé déjà; mais pardieu, je veux boire.
Grisons-nous! Vous pouvez entamer votre histoire.

FRACASSE

J'entame... ce perdreau. Quand j'ai reçu des coups,
Je suis plus affamé qu'une bande de loups.

ARLEQUIN, levant son verre.

A mes amours! J'hérite, et j'épouse la belle
Colombine.

FRACASSE, s'étranglant, à part.

Euh!. j'en suis bien fâché, mais c'est elle
Que j'épouse aussi, moi!
(Haut.)
Se marier. Horreur!
Lui, le bel Arlequin. Arlequin séducteur!

ARLEQUIN

Séducteur, c'est fort bien, mais je ne suis plus jeune,
Carnaval est fini... Voici venir le jeûne.

FRACASSE

Vous, avec votre œil vif et vos trente-deux dents,
Vous serez adoré jusqu'à quatre-vingts ans.

ARLEQUIN

Vous croyez ?

FRACASSE

      C'est certain.

ARLEQUIN

             J'ai peur de la vieillesse,
J'ai peur de rester seul, sans la douce caresse
Des chérubins joyeux aux rires argentins
Qui savent ranimer nos pauvres cœurs éteints.

FRACASSE

Oui, c'est si gai d'avoir un gros marmot qu'on mouche,
Qui pleure tout le jour, hurle quand on le couche,
Crie à boire, la nuit, dérange tout, salit,
Jette, renverse, brise...

ARLEQUIN

      Il aime.

FRACASSE

            Il pisse au lit !
Idylle du bourgeois ! Une épouse qui rôde,
Le pot-au-feu qui ronfle, et la pantoufle chaude !

ARLEQUIN, debout.

Quel songe j'avais fait pourtant!... J'avais rêvé
Le paradis perdu! Je l'avais retrouvé,
Caché, loin des plaisirs de la foule importune,
Ici, tout près de nous, dans ce rayon de lune
Qui frissonne à travers le feuillage argenté.
(Montrant la maison de Colombine.)
Vois-tu la maisonnette où ma chaste beauté
Cache ses charmes purs comme un souffle d'aurore...

FRACASSE

Ah! c'est là!...

ARLEQUIN

Fleur d'amour, voici l'heure d'éclore
Colombine, c'est toi que j'aime, que je veux!
Ton baiser, c'est le ciel!

FRACASSE, tirant un cheveu de son verre.

J'y trouve des cheveux.
Va, fuis le mariage à l'égal de la peste.
On y perd son repos, son argent et le reste;
On meurt à petit feu.

ARLEQUIN

Mais moi, je meurs d'amour,
J'adore Colombine, et je perdrais le jour
S'il fallait renoncer à gagner sa tendresse.

FRACASSE

Bah! pourquoi l'épouser, puisqu'avec de l'adresse
Tu pourrais la séduire ?

ARLEQUIN

Elle! Il vaudrait autant
Aller chasser la lune avec un chien courant.

FRACASSE

C'est donc une vertu solide?

ARLEQUIN

Inexpugnable!

FRACASSE, à part.

Cela me changera!

ARLEQUIN

Très douce et secourable,
Mais fière, et sans pitié pour les audacieux.

FRACASSE, à part.

Je tiens mon plan! Le tour sera très curieux.
(Haut.)
Tu veux me faire accroire, à moi, vieux dur à cuire,
Que le bel Arlequin ne pourrait pas séduire
Cette petite fille à moins de l'épouser?

ARLEQUIN

Oui, moi, j'en suis encore à lui prendre un baiser.
Arlequin séducteur, ta gloire est bien finie
Et ce maudit surnom n'est plus qu'une ironie,
Un souvenir amer des jours qui ne sont plus.

FRACASSE

Ainsi, tous tes efforts ont été superflus!

Bijoux, sonnets musqués, œillades amoureuses
Sont sans effet.

ARLEQUIN

Hélas!

FRACASSE

Et les entremetteuses?

ARLEQUIN

Ah! fi!

FRACASSE, debout.

Respecte, ingrat, leur talent précieux.
(Se découvrent.)

Salut, traits d'union des jeunes amoureux,
Matrones, qui savez tant de façons discrètes
De glisser lestement les sonnets des poètes
Et les billets sournois, entre les doigts mignons
Ou les seins rondelets! Salut, museaux grognons!
Votre grimace est douce au cœur qui peut y lire
L'ivresse d'un triomphe ou l'espoir d'un sourire.
Trop vieilles pour monter à l'autel des amours,
Vous nous y conduisez : vous savez les détours,
Et chacun trouve en vous la tigresse ou la chatte
Selon l'art qu'il déploie à vous graisser la patte.
Que de fois, sur vos pas, dans les sentiers perdus
J'ai cueilli les baisers et les fruits défendus!
Ah! je serais pétri d'ingratitude noire
Si vos nez trognonnants sortaient de ma mémoire.

La vieille Véronique aussi facilement
Que j'avale ce vin...

(Il boit.)

fera le dénoûment.

ARLEQUIN

Par elle, je pourrais...?

FRACASSE

Je réponds de l'affaire.

ARLEQUIN

Viens, Fracasse, allons voir ce que nous devons faire.

(Ils s'éloignent.)

SCÈNE IV

COLOMBINE, VIOLETTE

Le jour baisse de plus en plus, Colombine et Violette se montrent
à la porte du jardin et regardent Arlequin et Fracasse qui s'éloignent. Puis elles arrivent en scène.

COLOMBINE

Aussi fourbe que l'autre!

VIOLETTE

Avais-je pas raison
D'écouter ces jolis projets de trahison?

COLOMBINE

S'il ose en venir là, Violette, je jure
Qu'il n'obtiendra jamais pardon de cette injure.

VIOLETTE

Ne jurez pas. Peut-on savoir ce qu'on fera !
Qui maudit aujourd'hui demain pardonnera.
Mieux vaut prendre son mal avec philosophie.
Les hommes sont trompeurs, mais quand on se méfie,
On les fait culbuter dans leurs pièges, les gueux !
Nous sommes en amour cent fois plus fortes qu'eux.

COLOMBINE

M'aime-t-il vraiment ?

VIOLETTE

                    Oui, vous avez sa tendresse.
Mais vous offrez l'épouse : il cherche la maîtresse.

COLOMBINE

Devenir sa maîtresse, et me mettre en sa main,
Hochet qu'on garde un jour et qu'on jette demain,
Jamais ! Pourtant, je l'aime, et je n'ose lui dire
Qu'il a seul tout mon cœur où ses yeux n'ont pu lire
Et qui se brisera de n'être pas aimé,
Tant est forte l'ardeur dont il est animé...

VIOLETTE

Laissez-moi vous donner ce conseil politique
De ne jamais pousser les choses au tragique.
L'amour, c'est la gaîté d'un beau ciel d'Orient,
C'est une comédie au masque souriant

Qui déteste les pleurs et raffole du rire.
N'en faites pas un drame au ténébreux délire
Et, croyez-moi, laissons se morfondre en leurs trous
Les amoureux pleurards avec les vieux hiboux.

COLOMBINE

J'entends marcher. On vient.

VIOLETTE

                    Cela vous importune.
Bah ! c'est quelque galant qui rêve au clair de lune.

COLOMBINE

Je ne me trompe pas. C'est lui. C'est Arlequin.

VIOLETTE

Viendrait-il préparer quelque tour de coquin ?

COLOMBINE

Rentre avec moi. Je vais guetter pour tout comprendre
                        (Elles rentrent.)

SCÈNE V

ARLEQUIN, enveloppé dans son manteau

La vieille avec Fracasse avait l'air de s'entendre.
Serais-je leur jouet ? Quel plan m'ont-ils tracé !
Enlever Colombine après minuit passé...
C'est bien scabreux ! Pardieu, je suis ivre ou je rêve.

(Rêveur.)

Les femmes, dit Fracasse, aiment qu'on les enlève.
J'ai promis !... Tous ces vins égaraient ma raison.
    (La lune paraît.)

J'hésite... Je frissonne au seuil de la maison :
Je tremble d'éveiller Colombine endormie.
    (Déposant son manteau sur le banc et regardant le jardin
               de Colombine.)

Sont-ils fermés, les yeux charmants de mon amie ?
A-t-elle déroulé sa chevelure d'or
Sur un sein innocent qui soupire et s'endort ?
Croit-elle, dans un songe au souriant mirage,
Sentir ma lèvre ardente effleurer son visage ?
Sa lèvre virginale a-t-elle répondu
Et ce baiser rêvé, l'a-t-elle pas rendu ?
    (La lune resplendit et éclaire vivement la scène.)

Sois à moi pour jamais, ô ma belle maîtresse,
Et toi, verse à notre âme une éternelle ivresse,
Amour, rayon du ciel et jouet du hasard,
Flamme qu'un souffle éteint, et qu'allume un regard !
    (Sortant de sa rêverie.)

Au diable leur projet ! Il faut saisir son âme
Par la ruse qui prend les oiseaux et la femme.
    (Il prend sa mandoline et prélude.)

Chut. Piano. Du moelleux ! Mon chant la charmera
Et si le dieu d'amour s'en mêle, elle viendra.
    (Il s'assoit sur la table, et chante.)

    Pourquoi n'aimez-vous pas, puisque vous êtes belle ?
    Que faisons-nous tandis que la lune étincelle,
    Reine des nuits, parmi sa cour d'étoiles d'or ?
    Arlequin reste seul et Colombine dort.
    Pourquoi n'aimez-vous pas, puisque vous êtes belle ?

Si vous saviez comme ils sont courts,
Les doux moments de nos amours!
Mignonne, la jeunesse folle
Passe avec l'heure qui s'envole.
Demain, sera-t-il pas trop tard?
Demain, qui sait si le hasard
Vous laissera le temps de plaire,
O belle enfant, fleur éphémère!
Si vous saviez comme ils sont courts,
Les doux moments de nos amours!

(S'interrompant.)

Va-t-elle me laisser faire le pied de grue
Et me morfondre ainsi sottement dans la rue?
(Il monte sur son banc, met un pied sur la table et regarde du côté
de la maison de Colombine.)

(Il chante.)

On aime un soir, et puis après
Le vent gémit dans les cyprès.
Mignonne, au souffle des années,
Toutes les roses sont fanées.
Le temps jaloux suit son chemin.
Vous qui serez vieille demain,
Aimez, avant l'heure suprème,
Aimez, tandis que l'on vous aime!
On aime un soir, et puis après
Le vent gémit dans les cyprès.

SCÈNE VI

ARLEQUIN, puis COLOMBINE arrivant
par la porte du jardin.

COLOMBINE

C'est moi! votre chanson est si mélancolique
Que j'accours. Qu'avez-vous? Quelle mouche vous pique,

Vous, si pimpant, jadis ?

ARLEQUIN, soupirant.

Ah ! je suis amoureux !
Mais vous ?

COLOMBINE

Moi, Dieu merci, pas encore. Je veux
Attendre pour aimer.

ARLEQUIN

Le temps presse, méchante.

COLOMBINE

J'ai vingt ans.

ARLEQUIN

Mais plus tard vous en aurez quarante,
Plus tard vous en aurez soixante, et plus tard cent,
Et plus tard, il sera trop tard !

COLOMBINE, le regardant fixement, après un silence.

L'amour puissant
Qui remplit votre cœur dure-t-il une année ?
(Prenant une rose à son corsage.)
A-t-il même destin que la rose fanée
Qu'un matin vit éclore et qu'un soir voit mourir ?
(Elle laisse tomber la rose.)
Dites-moi ce qu'il faut de temps pour le flétrir,
Et si vos grands serments d'ivresses éternelles
Vivent tout juste assez pour déployer leurs ailes
Après avoir un jour chanté dans votre cœur ?
Combien dure l'amour d'Arlequin séducteur ?

ARLEQUIN

Ah ! toujours ce surnom maudit ! Que vous importe
Qu'autrefois ma jeunesse ait mal fermé la porte
A des caprices chers aux âmes de vingt ans ?
Oui, j'étais jeune et fou ! Mes crimes sont bien grands,
N'est-ce pas ?

COLOMBINÉ.

       Non, ils sont de ceux que l'on pardonne !
L'oubli doit emporter tous les baisers que donne
Un jeune écervelé. Ce sont péchés mignons
Dont on ne parle pas. Mais tant de trahisons
Menacent le repos et l'honneur d'une femme,
Qu'avant de vous aimer et de donner son âme,
Elle a le droit d'attendre et d'hésiter un peu.
Vous riez de l'amour : pour l'homme c'est un jeu,
Et lorsqu'il en a bien épuisé tous les charmes,
Il emporte la joie et nous laisse les larmes.
Mais moi, je ne veux pas du caprice d'un jour,
C'est trop pour mon orgueil! C'est peu pour mon amour!

ARLEQUIN, la faisant asseoir près de lui sur le banc.

Hélas ! si vous m'aimiez autant que je vous aime,
Parleriez-vous ainsi ? Le doute est un blasphème.
Mon âme tout entière est à vous pour jamais !

COLOMBINE

Je serai votre femme, alors ?

ARLEQUIN

       Je le promets.
M'aimez-vous, Colombine ?...
(Il essaie de l'attirer dans ses bras.)

COLOMBINE

                Ah! traître! Je l'adore.
Et lui veut me tromper!

ARLEQUIN

        M'aimez-vous?

COLOMBINE, debout.

                    Pas encore.
Je voudrais vous aimer et je doute de vous.

ARLEQUIN, debout.

Elle doute de moi! Comme nous sommes fous!
Ces stériles soupçons me sont autant d'outrages.
Notre amour brillera comme un ciel sans orages.

COLOMBINE

Ou comme l'aubépine au bord du sentier vert,
Fleur du printemps, fanée avant le sombre hiver.

ARLEQUIN

Il sera le jour pur aux clartés immortelles...

COLOMBINE

Ou peut-être la nuit aux ombres éternelles.

ARLEQUIN

Il sera fier et fort comme un cèdre géant.

COLOMBINE

Ou mobile et douteux ainsi que l'Océan.

ARLEQUIN

Tous nos jours couleront, pleins de folles ivresses,
Et les grands bois, discrets abris de nos tendresses,

Cachant aux yeux jaloux notre amoureux exil,
Mêleront nos baisers à leurs chansons d'avril.

COLOMBINE

Ou bien laissant tous deux nos âmes désolées
Saigner au souvenir des heures envolées,
Nous viderons la coupe amère des regrets
Avant d'aller dormir sous les mornes cyprès.

ARLEQUIN

Chassez ces noirs soupçons. Aimez-moi, Colombine.
Puis-je oublier jamais votre grâce divine ?
Tout mon rêve d'amour, tout mon bonheur, c'est vous !
Moi, je ne doute plus ! Je vous aime à genoux.

COLOMBINE

Bon ! Vous avez douté. Vous l'avouez vous-même.

ARLEQUIN, se relevant.

Colombine ne m'a jamais dit : Je vous aime.

COLOMBINE

L'aveu de votre amour ne fut pas repoussé.
Pourquoi doutiez-vous donc ?

ARLEQUIN

　　　　　　　Ah ! j'étais insensé !
Mais nous ne parlions pas alors le même langage.
Quand je disais : Amour, vous disiez : Mariage.

COLOMBINE

Et je le dis toujours. Vous serez mon époux,
Mais jamais mon amant, jamais !

ARLEQUIN

Nous sommes fous
De revenir encore à nos vieilles querelles.
Si vous m'aviez donné des marques plus réelles
De votre amour...

COLOMBINE, à part.

Il vient au but.

ARLEQUIN, se rapprochant.

Sous vos baisers,
Tous les doutes amers se seraient apaisés.

COLOMBINE, à part.

Fourbe ! je saurai mettre en défaut ton adresse.
(Haut.)
Pour oser demander l'aveu de ma tendresse,
M'avez-vous seulement mis au doigt votre anneau ?

ARLEQUIN, donnant l'anneau.

Le voici. Prenez-le.

COLOMBINE

L'or en est pur et beau.
Vos serments sont-ils d'or aussi pur et sans tache ?

ARLEQUIN

Dans mon âme jamais la ruse ne se cache.
En donnant cet anneau je vous donne ma foi.
(La prenant dans ses bras.)
Cher ange, pour toujours, vous allez être à moi.

A moi ces grands yeux noirs, ma belle fiancée,
A moi la bouche rose et la taille élancée,
Et ce cœur qui bientôt va battre sur mon cœur.

COLOMBINE, à part.

Nous y voici.

(Haut.)

Partez. Il se fait tard. J'ai peur.

ARLEQUIN, éperdu.

Non, laisse-moi rester, Colombine, je t'aime...
Cette nuit, près de toi, c'est le bonheur suprême.

COLOMBINE

Quoi! vous osez... déjà...

ARLEQUIN

Pourquoi me résister?
Le ciel s'ouvre pour nous, et tu veux me quitter.
Je t'aime. Sois à moi! N'as-tu pas ma promesse,
Ma fiancée?

COLOMBINE

Allons! dites votre maîtresse!
Ajoutez le cynisme à votre trahison!
En vous donnant mon cœur, je perdais la raison :
J'ai lu dans votre jeu. J'y vois la duperie.

ARLEQUIN

Non, je ne mentais pas! Restez, je vous en prie.
Que me reprochez-vous?

2.

COLOMBINE

> Rien! Un simple défaut.
Croyez-moi, cher seigneur, ne causez plus si haut
Quand vous vous griserez avec l'ami Fracasse.

ARLEQUIN, consterné.

Elle a tout entendu!

COLOMBINE

> Complotez à voix basse
Les viles trahisons d'Arlequin séducteur,
Préparez prudemment tous vos tours d'imposteur
Et vous pourrez peut-être avoir votre revanche.
J'arrête la partie à la première manche.

ARLEQUIN

Colombine, écoutez une dernière fois.

COLOMBINE, rentrant chez elle.

Fracasse vous attend. Contez-lui vos exploits.

SCÈNE VII

ARLEQUIN

Je suis congédié, grâce à cet imbécile.
Et j'aime Colombine à mourir. Quelle pile
Je te réserve, cher Fracasse! Il me tûra,
Ce fier-à-bras, mais quoi! ma peine finira.

C'en est assez; — je vais jouer à pile ou face
Si je dois m'aller faire embrocher par Fracasse
Ou me jeter à l'eau. Que décide le sort?
Le duel avec Fracasse. Allons! Je serai mort
Ce soir.

(Il s'éloigne précipitamment.)

SCÈNE VIII

FRACASSE. (Il entre en sautillant.)

L'amour m'enivre; à nous, beauté céleste!

(Examinant le mur du jardin.)

Voici le mur!... Il saute, il a la jambe leste!
Il s'élance, elle crie, il étouffe sa voix.
Victoire! Il la croit prise, il la tient cette fois,
Malgré qu'elle le morde et qu'elle se débatte.
Et que fait-il, le niais? Il se brûle la patte
En tirant les marrons du feu pour moi! J'accours
Au premier bruit. Je crie et j'appelle au secours.
On arrive, scandale épouvantable! En sorte
Que Colombine flanque Arlequin à la porte,
Et le livre aux archers du guet. Voilà mon plan!
C'est odieux, c'est vil. Je suis un chenapan,
J'en conviens. Mais après? J'épouse la donzelle,
L'honneur est superflu quand on a l'escarcelle.

. . . .

Arlequin devrait être arrivé.

(Saisissant le manteau laissé sur le banc par Arlequin.)

Trahison!

Son manteau... sur le banc... et lui... dans la maison.

Voici sa mandoline. O noire perfidie!
Il démolit mon drame avec sa comédie.

(Faisant le geste de jouer de la mandoline.)

Il a pris les moyens de douceur, le gredin!
Ils sont là, tous les deux!

(Allant à la porte du jardin.)

La porte du jardin

Est ouverte.

(Avec désespoir.)

Et voilà qu'avant mon mariage,
Je suis déjà cocu! Sort fatal qui m'enrage!
S'il était temps encor cependant! Halte-là!
Je ne peux pourtant pas laisser faire cela,
A ma barbe, à mon nez.

(Courant de tous côtés.)

Holà! Oh! A la garde!

Au feu!

(Il va du côté de la taverne.)

SCÈNE IX

FRACASSE, puis COLOMBINE, puis VIOLETTE

(Colombine et Violette arrivent par la porte du jardin.)

COLOMBINE

Qu'arrive-t-il?

FRACASSE, à part.

Deux femmes! Dieu me garde!
C'est Violette avec Colombine, les deux
Ensemble!

COLOMBINE

Le Fracasse est pris!

VIOLETTE

Entre deux feux!

FRACASSE, à part.

Elles se connaissaient.

VIOLETTE, à Colombine.

Quelle mine interdite!
Amusons-nous un peu!
(Elles s'avancent, en coupant la retraite à Fracasse.)

FRACASSE, cherchant à esquiver.

Souffrez que je vous quitte
En m'excusant d'avoir troublé votre entretien.

VIOLETTE, lui prenant le bras.

Un moment.

FRACASSE.

Permettez...

COLOMBINE

Qu'avez-vous?

FRACASSE

Je n'ai rien.

VIOLETTE, le menaçant du doigt.

Vous vous moquez de nous, mon cher monsieur Fracasse.

FRACASSE

(Entrent Colombine et Violette.)

Qui, moi!

COLOMBINE

Vous, soyez franc!

FRACASSE

                 Si cela vous tracasse
Si fort, apprenez donc qu'exact au rendez-vous
J'appelais Arlequin.

               (A Colombine.)

         N'était-il pas chez vous?

COLOMBINE

Insolent!

FRACASSE

       Il s'en vante assez haut dans la ville.

COLOMBINE

Je viens de le chasser.

FRACASSE, à part.

         Bon! Me voilà tranquille.

COLOMBINE

Il n'y reviendra pas!

FRACASSE, à part.

           Mon rival a perdu
La partie. A mon tour...

             (Haut.)

       Ce sort était bien dû

A ce maître trompeur!

VIOLETTE

Il était votre élève,

N'est-ce pas?

FRACASSE

Je veux bien que le diable m'enlève
Si je lui conseillai jamais...

COLOMBINE

Le célibat.

FRACASSE, allant à Colombine.

Le célibat! Et qui plus que moi le combat?
Je grille d'épouser... J'en dessèche d'envie.
Le mariage, c'est le salut! c'est la vie!

COLOMBINE

Vous tenez, m'a-t-on dit, pour la séduction?

FRACASSE

Doux Jésus! moi vanter une telle action!
Moi qui hais tous ces fats, ces fléaux des familles,
Qui s'en vont lâchement tromper de pauvres filles.

COLOMBINE

Vous parlez d'or!

FRACASSE, s'inclinant.

Je dis toujours la vérité.

COLOMBINE

Plût au ciel qu'Arlequin...

FRACASSE, vivement.

S'il m'avait écouté,
Il serait votre époux! Vous l'aimiez.

COLOMBINE, haussant les épaules.

C'est possible!
Je ne m'en souviens plus.

FRACASSE, à part.

Elle n'est pas sensible
A l'excès!
(Haut.)
Il était inconstant, débauché!...

COLOMBINE

Passons!

FRACASSE

Ivrogne, fourbe! Et ce serait péché
D'aimer ce sacripant.

COLOMBINE

Vous semblez le connaître.

FRACASSE, se rapprochant de Colombine.

C'est mon meilleur ami! Vous étiez digne d'être
Idolâtrée!

COLOMBINE

Il est trop tard. J'entre au couvent.

VIOLETTE, accentuant chaque syllabe.

Nous pro-non-çons nos vœux!

FRACASSE, inquiet, se rapprochant de Violette et la prenant
à part.

Y pensez-vous?

VIOLETTE

Souvent.

FRACASSE, à part.

Me voilà ruiné, si je les laisse faire.
Tâchons d'arracher l'une ou l'autre au sanctuaire.
(Se penchant vers Violette.)
Le ciel ne vous a pas donné cet œil mutin
Avec vingt mille écus pour chanter en latin
Et boire de l'eau claire! Ah! chère Violette,
Que vous servira-t-il d'être si rondelette?

VIOLETTE, soupirant.

Je maigrirai.

FRACASSE, se penchant vers Colombine.

Mais vous, déesse aux cheveux d'or,
O Vénus Astarté, prendrez-vous votre essor
Vers l'azur radieux où l'aurore s'allume
Sans rien laisser ici que le flocon d'écume
D'où vous a fait sortir un sourire du ciel?

COLOMBINE

L'homme n'est, je le vois, qu'un trompeur éternel.
Dieu seul ne trahit pas!...

FRACASSE, revenant à Violette.

Mais, dites-moi, méchante,
Pourquoi vous voudriez vous enterrer vivante?

3

VIOLETTE, avec éclat.

Le monstre! le pendard! Il demande pourquoi.
J'aimais un imbécile, un fat! —

FRACASSE

Tenons-nous coi!

VIOLETTE, allant vers Colombine.

Et je vais sur-le-champ vous conter son histoire.

FRACASSE, l'arrêtant.

Non, laissez-moi ce soin.
(Allant à Colombine.)
Je n'ai pas l'âme noire.
(Montrant Violette.)
Elle m'adorait! Moi je l'aimais à genoux.
(Baissant la voix.)
Hier, j'ai tout quitté pour un regard de vous.
(Prenant les mains de Colombine.)
J'ai trahi Violette, en vous sauvant la vie.

COLOMBINE, étonnée.

Eh quoi! ces deux manants qui m'avaient poursuivie...

FRACASSE, glorieux.

Légion de bandits que j'ai pulvérisés,
Je n'ai fait que passer, ils étaient écrasés!

COLOMBINE

Que me voulaient-ils?

FRACASSE

Tout!

COLOMBINE

Je dois tout à Fracasse?

FRACASSE

En doutiez-vous?

COLOMBINE

Un peu!...

VIOLETTE, attirant Fracasse de son côté.

Que faut-il que je fasse?

FRACASSE, bas, à Violette.

Ah! si vous m'épousiez, je vous dorloterais.
Je vous tiendrais bien chaud, la nuit; je vous ferais
Des régals de baisers; vous seriez ma pouponne;
Nous aurions des marmots tout grassouillets, friponne!

VIOLETTE, secouant la tête.

J'entre au couvent.

FRACASSE, à part.

Fort bien! Je suis tout consolé
Si l'autre...
            (Allant à Colombine.)
        Vous m'avez si bien ensorcelé,
Vos grands yeux de velours ont si bien pris mon âme,
Que je mourrai bientôt si vous n'êtes ma femme.

COLOMBINE, secouant la tête.

J'entre au couvent.

FRACASSE, à Colombine.

Pitié!
(Elle fait signe que non. — Allant à Violette.)
Grâce!

VIOLETTE

Mon faible cœur
Ne sait pas résister et vous tenir rigueur.
(Lui prenant la main.)
M'aimez-vous?

FRACASSE

Follement!

VIOLETTE

Tope! Je vous épouse!

COLOMBINE, lui prenant la main et l'amenant à l'autre
extrémité de la scène.

Loin de moi le couvent et son ombre jalouse!
Le sort en est jeté! Je suis à vous!

FRACASSE

Vraiment,
Elle aussi! C'est complet!

COLOMBINE

M'aimez-vous?

FRACASSE

Follement!

COLOMBINE

Tope ! Je vous épouse !

FRACASSE

Enfin ! j'entre en ménage !
Et plutôt deux fois qu'une.

(Il est seul au milieu de la scène. Violette et Colombine remontent vers le fond.)

O séduisant mirage !
Vivre le ventre plein ! Être riche, amoureux,
Coucher dans un bon lit, compter les rangs poudreux
Des tonneaux étalant leurs masses alignées,
Puis les flacons vêtus de toiles d'araignées,
Où dorment des rayons d'or pur et de rubis,
Rouler carrosse, avoir des laquais, des habits,

(Regardant alternativement Colombine et Violette.)

Et douter, près d'un ange à la beauté suave,
S'il faut monter au ciel, ou descendre à la cave.
O rêve ! tu seras réalité demain.

(Se grattant la tête.)

A laquelle faut-il que j'accorde ma main ?

(Regardant Violette.)

Violette me plaît.

(Regardant Colombine.)

Et Colombine est riche !
J'aurais bien épousé les deux, mais quand on triche
Au jeu de mariage, on vous pend haut et court.

VIOLETTE, s'approchant et tendant la joue.

Allons ! embrassez-moi ! Commencez votre cour.

FRACASSE, à Violette, lui montrant Colombine.

Nous ne sommes pas seuls ! Colombine me gêne.

VIOLETTE

Pour un pauvre baiser, vous vous mettez en peine.

(Elle s'éloigne en boudant.)

COLOMBINE, s'approchant et tendant la joue.

Mon cher mari, je vous permets de m'embrasser.

FRACASSE, montrant Violette

Mais Violette...

COLOMBINE, à demi-voix.

Il faut nous en débarrasser.

Renvoyez-la !

FRACASSE

J'y vais !

(Il s'approche de Violette.

VIOLETTE, à demi-voix.

Renvoyez Colombine !

FRACASSE

J'y vais.

(A part.)

Je ne sais trop que faire.

(Il reste au milieu de la scène.

COLOMBINE, l'attirant à elle et montrant Violette.

J'imagine

Que vous ne pensez plus à son minois fripé.

VIOLETTE, l'attirant à elle et lui montrant Colombine.

Voilà pour quel museau mon amour fut trompé.

COLOMBINE, l'attirant à elle.

Vous n'aimez plus que moi seule?

FRACASSE

Je vous le jure.

VIOLETTE, l'attirant à elle.

Je vous étranglerais si vous étiez parjure!
Vous n'aimez plus que moi seule?

FRACASSE

Sur mon honneur!

COLOMBINE, l'attirant.

Suivez-moi!

FRACASSE

Me voici!

VIOLETTE, l'attirant.

Venez!

FRACASSE

Avec bonheur!

COLOMBINE et VIOLETTE, ensemble.

Ma chère, apprenez...

FRACASSE, essayant de se mettre entre elles.

Non, rien!...

COLOMBINE et **VIOLETTE**, ensemble.

Que je me marie!

COLOMBINE, montrant Fracasse.

Et voici mon époux!

VIOLETTE

Quelle plaisanterie!

C'est moi qu'il choisit!

COLOMBINE

Non, c'est moi!

VIOLETTE et **COLOMBINE**, ensemble, secouant Fracasse
chacune par un bras.

Parlez?

FRACASSE

C'est moi!

(A Violette.)

C'est vous!

(A Colombine.)

C'est vous! C'est nous!

(A part.)

Je suis tout en émoi.

(S'épongeant.)

Enfin c'est moi l'époux!

VIOLETTE et **COLOMBINE**, même jeu.

Mais quelle est votre femme?

FRACASSE, à part. —

Je n'en sais rien!

VIOLETTE et COLOMBINE

Laquelle ?

FRACASSE, s'agenouillant devant Colombine.

Idole de mon âme,
C'est vous seule que j'aime !

(A part.)
Elle a cent mille écus !

SCÈNE-X

LES MÊMES, ARLEQUIN

VIOLETTE, saisissant Fracasse à la gorge.

Ah ! traître !

ARLEQUIN, saisissant Fracasse à la gorge.

Ah ! scélérat ! Je ne vous lâche plus :
Je vous trouve à genoux devant elle !

FRACASSE, debout, et faisant mine de tirer sa rapière.

En personne !

COLOMBINE

Il demandait ma main et moi je la lui donne.

FRACASSE, à part.

Cent mille écus ! L'affaire est dans le sac !

ARLEQUIN, à Colombine.

Jamais!

C'est impossible! Vous m'aimez!

COLOMBINE

Je vous aimais.

FRACASSE, prenant le bras de Colombine.

Nous nous aimons!

ARLEQUIN, lui arrachant le bras de Colombine.

Alors, il faut qu'un de nous meure!

FRACASSE

Il me provoque, lui!

ARLEQUIN

Moi, battons-nous sur l'heure!

FRACASSE

Mais vos armes à vous?...

ARLEQUIN, frappant sur sa batte.

Ma batte et mon poignard.
(Il le menace de son poignard.)

FRACASSE, inquiet.

Vous voulez me tuer... tout à fait.

—(A part.)

Son regard

Me fait froid dans le dos!...

(Haut.)
          Je suis bon catholique :
Je ne me bats pas.

          ARLEQUIN, le frappant avec sa batte.

     Tiens!

          FRACASSE

               Piqûre de moustique !
J'ai reçu plus de coups que vous m'en donnerez !

          ARLEQUIN, faisant le geste d'aiguiser sa batte
               sur le bord de la table.

Je vais vous assommer...

          FRACASSE

               Bon ! tant que vous voudrez !
Je sais tout supporter, monsieur, j'ai du courage.

          VIOLETTE, à demi-voix, à Colombine.

Arlequin vous adore ! A quand le mariage?

          COLOMBINE, à demi-voix, à Violette.

Une dernière épreuve et je lui rends mon cœur.
     (Haut.)
C'est à moi de choisir, entre vous, mon vainqueur.
Avant de le nommer, la loyauté m'oblige
A dire que je suis ruinée.

          FRACASSE, anéanti.

               O prodige !
Mon doux rêve s'éteint. Elle a soufflé dessus !

COLOMBINE, à Fracasse.

M'épousez-vous ?

FRACASSE, sans répondre à Colombine.

Adieu, mes beaux espoirs déçus !
Équipages, châteaux, sacs d'écus, bonne table,
Majordomes bouffis à ventre respectable !
Adieu, bons vins cachés dans l'ombre des caveaux !
Adieu, jambons fumés pendus aux soliveaux !

(Il se laisse tomber sur le banc.)

COLOMBINE

Il ne m'épouse plus.

(A Arlequin.)

Et vous ?

ARLEQUIN

Moi, je vous aime !
Colombine, ce que j'adore c'est vous-même !
Rendez-moi votre amour et je suis trop heureux.

COLOMBINE

Je vous rends tout, la dot aussi !

VIOLETTE

Beaux amoureux,
L'avenir vous sourit ! Moi je resterai seule.

ARLEQUIN

Avec vingt mille écus !

FRACASSE, à part, se levant vivement.

> O saints plaisirs de gueule,
Vingt mille écus ! Voyez ce minois chiffonné...
(Haut, à Violette.)

J'avais perdu l'esprit. Je suis tout étonné
De mon erreur. C'est vous que j'aimais, Violette.
Prenez-moi pour époux et la fête est complète.

VIOLETTE, à part.

Vraiment, il est bel homme... Il a plus d'un défaut,
Mais c'est peut-être là le mari qu'il me faut !

FRACASSE, à genoux.

Aimez-moi, faites-moi vite cette surprise.

VIOLETTE, éclatant de rire et lui laissant pourtant la main
qu'il a prise.

On a toujours le temps de faire une sottise !

Rideau.

NOTES

POUR LA MISE EN SCÈNE

Arlequin séducteur peut être joué en comédie de salon, avec un simple paravent figurant le mur du jardin de Colombine.

Les costumes d'Arlequin et du matamore Fracasse sont classiques. Toute indication est superflue. Colombine et Violette sont décolletées, portent la jupe courte, les manches larges et courtes, le béret et la collerette.

Au Vaudeville, Mˡˡᵉ Verneuil (Colombine) porte un délicieux costume à larges raies blanches et bleu clair. — Mˡˡᵉ Moncharmont (Violette) a le béret mauve, le corsage en velours noir, la jupe mauve avec bande en velours noir. Le costume de Violette doit être plus simple que celui de Colombine.

A la scène, on peut supprimer le récitatif de la sérénade :

> Pourquoi n'aimez-vous pas, etc.

et dire seulement le premier couplet, et les trois premiers vers du second.

Au Vaudeville, la sérénade n'est pas chantée, mais déclamée. La musique a été écrite par un ami de l'auteur et sera éditée ultérieurement.

Dans la dernière scène, on peut couper les quatre vers de Fracasse :

> Equipages, châteaux, sacs d'écus, bonne table, etc.

Dans la scène VIII, les personnes que l'hémistiche :

Je suis déjà cocu, pourrait effaroucher, le remplaceront par : *Je suis déjà trompé.*

Enfin, les amateurs extrêmement pudibonds, qui tiendront absolument à supprimer la tirade de Fracasse sur les entremetteuses (scène III), pourront, après le vers de Fracasse

> Ainsi, tous tes efforts ont été superflus,

continuer comme il suit :

> Je connais, près d'ici, la vieille Véronique
> Qui va nous enseigner quelque moyen pratique
> De séduire ta belle aussi facilement
> Que j'avale ce vin.

ARLEQUIN

La séduire, comment?

FRACASSE

Mânes de mes aïeux, je réponds de l'affaire.

ARLEQUIN

Viens, Fracasse, allons voir ce que nous devons faire.

Quand l'interprète du rôle de Colombine a les yeux bleus, il faut naturellement remplacer partout les *yeux noirs* par les *yeux bleus,* — et le vers

> Vos grands yeux de velours ont si bien pris mon âme

par

> Vos grands yeux pleins d'azur ont si bien pris mon âme.

Paris. — Typ. G. Chamerot, 19, rue des Saints-Pères. — 25063.

LIBRAIRIE PAUL OLLENDORFF

28 *bis*, rue de Richelieu, PARIS.

THÉATRE DE CAMPAGNE, recueil de comédies de salon (8 séries ont paru). Chaque série formant 1 vol. grand in-18, est vendue séparément. — Prix . . . . 3 fr. 50

ANTOINETTE RIGAUD, comédie en trois actes, par RAIMOND DESLANDES (Comédie-Française), in-18 . . . . . 2 fr. »

LA VOCATION D'HÉLÈNE, saynète par GEORGES LIEUSSOU (Cluny), in-18. 1 fr. »

LA MARIÉE RÉCALCITRANTE, comédie-bouffe en trois actes, par LÉON GANDILLOT (Déjazet), in-18 . . . . 2 fr. »

LES FILS DE JAHEL, drame en cinq actes en vers dont un prologue, par SIMONE ARNAUD (Odéon), in-18 . . . . 3 fr. 50

« ALLO! ALLO! » comédie en un acte, par PIERRE VALDAGNE (Vaudeville), in-18. — Prix . . . . 1 fr. 50

LA MAISON DES DEUX BARBEAUX, comédie en trois actes, par A. THEURIET et H. LYON (Odéon), in-18. 2 fr. »

HYPNOTISÉE! comédie en un acte, par E. GRENET-DANCOURT, in-18 . 1 fr. 50

DANS UNE LOGE, comédie en un acte, par LUDOVIC DENIS DE LAGARDE (Déjazet), in-18 . . . . 1 fr. 50

ENTRE AMIS, comédie en un acte, par LUDOVIC DENIS DE LAGARDE (Gymnase), in-18 . . . . 1 fr. 50

LES FEMMES COLLANTES, comédie-bouffe en cinq actes, par LÉON GANDILLOT (Déjazet), in-18 . . . . 2 fr. »

COQUIN DE PRINTEMPS! vaudeville en quatre actes, par AD. JAIME et G. DUVAL (Folies Dramatiques) . . 2 fr. »

LES FIANCÉS DE LOCHES, vaud-ville en trois actes, par G. FEYDEAU et M. DESVALLIÈRES (Cluny) . . 2 fr. »

MATAPAN, comédie en 3 actes, en vers, par EMILE MOREAU, in-18. 2 fr. »

LE BAIN DE LA MARIÉE, comédie-bouffe en un acte, par G. ASTRUC et P. SOULAINE (Palais-Royal), in-18. . 1 fr. 50

PRÊTE-MOI TA FEMME, comédie en deux actes, en prose, par MAURICE DESVALLIÈRES (Palais-Royal), in-18. — Prix . . . . 1 fr 50

LE PRÉTEXTE, comédie en un acte, en prose, par JULES LEGOUX (Vaudeville), in-18 . . . . 1 fr. 50

LA COMTESSE SARAH, pièce en cinq actes, par GEORGES OHNET (Gymnase dramatique), in-18. . . . . 2 fr. »

SERGE PANINE, pièce en cinq actes, par GEORGES OHNET (Gymnase), in-18. — Prix . . . . 2 fr. »

LE MAITRE DE FORGES, pièce en quatre actes et cinq tableaux, par GEORGES OHNET (Gymnase), in-18 . . . 2 fr. »

LA GRANDE MARNIÈRE, drame en huit tableaux, par GEORGES OHNET (Porte-Saint-Martin), in-18. 2 fr. »

SMILIS, drame en quatre actes, en prose, par JEAN AICARD (Comédie-Française), in-18 . . . . 2 fr. »

UN CRANE SOUS UNE TEMPÊTE, saynète, par ABRAHAM DREYFUS (Gaîté), in-18 . . . . 1 fr. »

L'ASSASSIN, comédie en un acte, par EDM. ABOUT (Gymnase), in-18. 1 fr. 50

UNE MATINÉE DE CONTRAT, comédie en un acte, par MAURICE DESVALLIÈRES (Comédie-Française) . . . . 1 fr. 50

L'HÉRITIÈRE, comédie en un acte, en prose, par E. MORAND (Comédie-Française), in-18 . . . . 1 fr. 50

L'AFFAIRE ÉDOUARD, comédie-vaudeville en trois actes, par G. FEYDEAU et M. DESVALLIÈRES (Variétés), in-18. 2 fr. »

BIGOUDIS, comédie en un acte d'ERNEST D'HERVILLY (Gymnase), in-18. 1 fr. 50

LA BONNE AVENTURE, opéra-bouffe en trois actes, par ÉMILE DE NAJAC et HENRI BOCAGE, musique d'ÉMILE JONAS (Renaissance), in-18 . . . . . 1 fr. 50

LES CONVICTIONS DE PAPA, comédie en un acte, par E. GONDINET (Palais-Royal et Gymnase), in-18. . . 1 fr. 50

LA LYCÉENNE, vaudeville-opérette en trois actes, par G. FEYDEAU (Nouveautés) . . . . 2 fr. »

POUR DIVORCER, comédie en un acte, par VICTOR DUBRON, in-18. . 1 fr. 50

L'AGNEAU SANS TACHE, comédie en un acte en prose, par ARMAND EPHRAIM et ADOLPHE ADERER (Odéon), in-18. 1 fr. 50

LA GIFLE, comédie en un acte, par ABRAHAM DREYFUS (Palais-Royal), in-18 . . . . 1 fr. 50

HAMLET, drame en vers, en cinq actes et onze tableaux, d'après WILLIAM SHAKESPEARE, par MM. LUCIEN CRESSONNOIS et CH. SAMSON (Porte-Saint-Martin), in-18 . . . . . . 2 fr. »

COMÉDIES EN UN ACTE, par ERNEST LEGOUVÉ, de l'Académie française, un vol. gr. in-18. — Prix . . . . 3 fr. 50

Paris. — Typ. Georges Chamerot, 19, rue des Saints-Pères. — 2563